Wann und wo wurde es gesagt? _______________

Wer hat es gehört? _________

AF224144

Alter?

Wann und wo wurde es gesagt? _______________ Alter?

Wer hat es gehört? _______________________

,,

Wann und wo wurde es gesagt? _______________ Alter?

Wer hat es gehört? _______________________

,,

Wann und wo wurde es gesagt? _______________

Wer hat es gehört? _______________

Alter?

3

Wann und wo wurde es gesagt? _______________ Alter?

Wer hat es gehört? _______________________

„

"

Wann und wo wurde es gesagt? _______________ Alter?

Wer hat es gehört? _______________________

„

"

Wann und wo wurde es gesagt? _______________

Wer hat es gehört? _______________

Alter?

Wann und wo wurde es gesagt? _______________ Alter?

Wer hat es gehört? _______________________

Wann und wo wurde es gesagt? _______________ Alter?

Wer hat es gehört? _______________________

Wann und wo wurde es gesagt? _______________

Wer hat es gehört? _______________________

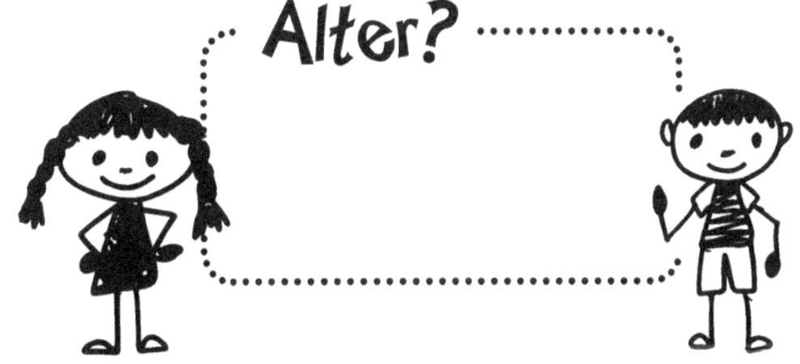

Wann und wo wurde es gesagt? ________________ Alter?

Wer hat es gehört? ________________

Wann und wo wurde es gesagt? ________________ Alter?

Wer hat es gehört? ________________

Wann und wo wurde es gesagt? _______________

Wer hat es gehört? _______________

Alter?

Wann und wo wurde es gesagt? _______________   Alter?

Wer hat es gehört? _______________________

"

Wann und wo wurde es gesagt? _______________   Alter?

Wer hat es gehört? _______________________

"

Wann und wo wurde es gesagt? _______________________

Wer hat es gehört? _______________________

Wann und wo wurde es gesagt? _______________ Alter?

Wer hat es gehört? _____________________

,,

,,

Wann und wo wurde es gesagt? _______________ Alter?

Wer hat es gehört? _____________________

,,

,,

Wann und wo wurde es gesagt? _______________

Wer hat es gehört? _______________

Wann und wo wurde es gesagt? _______________   Alter?

Wer hat es gehört? ___________________________

"

"

Wann und wo wurde es gesagt? _______________   Alter?

Wer hat es gehört? ___________________________

"

"

Wann und wo wurde es gesagt? _______________

Wer hat es gehört? _______________

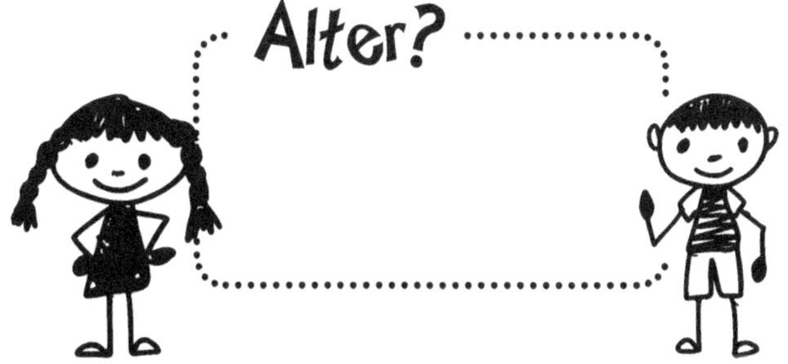

Wann und wo wurde es gesagt? _______________ Alter?

Wer hat es gehört? _______________________

„

"

Wann und wo wurde es gesagt? _______________ Alter?

Wer hat es gehört? _______________________

„

"

Wann und wo wurde es gesagt? _______________

Wer hat es gehört? _______________

Alter?

Wann und wo wurde es gesagt? _______________ Alter?

Wer hat es gehört? _______________________

Wann und wo wurde es gesagt? _______________ Alter?

Wer hat es gehört? _______________________

 Wann und wo wurde es gesagt? _______________

Wer hat es gehört? _______________

Wann und wo wurde es gesagt? _______________ Alter?

Wer hat es gehört? _______________________

99

99

Wann und wo wurde es gesagt? _______________ Alter?

Wer hat es gehört? _______________________

99

99

Wann und wo wurde es gesagt? ___________________

Wer hat es gehört? ___________________

Wann und wo wurde es gesagt? _________________ Alter?

Wer hat es gehört? _____________________

Wann und wo wurde es gesagt? _________________ Alter?

Wer hat es gehört? _____________________

Wann und wo wurde es gesagt? _______________________

Wer hat es gehört? _______________________

Alter?

Wann und wo wurde es gesagt? _______________   Alter?

Wer hat es gehört? _____________________

,,

____

Wann und wo wurde es gesagt? _______________   Alter?

Wer hat es gehört? _____________________

,,

____

Wann und wo wurde es gesagt? _______________________

Wer hat es gehört? _______________________

25

Wann und wo wurde es gesagt? _______________ Alter?

Wer hat es gehört? _______________________

Wann und wo wurde es gesagt? _______________ Alter?

Wer hat es gehört? _______________________

Wann und wo wurde es gesagt? _______________

Wer hat es gehört? _______________

Wann und wo wurde es gesagt? _______________ Alter?

Wer hat es gehört? _____________________

Wann und wo wurde es gesagt? _______________ Alter?

Wer hat es gehört? _____________________

 Wann und wo wurde es gesagt? _______________

Wer hat es gehört? _______________

Wann und wo wurde es gesagt? ______________ Alter?

Wer hat es gehört? ____________________

„

"

Wann und wo wurde es gesagt? ______________ Alter?

Wer hat es gehört? ____________________

„

"

Wann und wo wurde es gesagt? ______________________

Wer hat es gehört? ______________________

Wann und wo wurde es gesagt? _______________ Alter?

Wer hat es gehört? _______________

„

"

Wann und wo wurde es gesagt? _______________ Alter?

Wer hat es gehört? _______________

„

"

Wann und wo wurde es gesagt? _________________

Wer hat es gehört? _________________

Wann und wo wurde es gesagt? _______________ Alter?

Wer hat es gehört? _____________________

Wann und wo wurde es gesagt? _______________ Alter?

Wer hat es gehört? _____________________

Wann und wo wurde es gesagt? _______________

Wer hat es gehört? _______________________

Alter?

Wann und wo wurde es gesagt? _______________ Alter? ⋯⋯⋯⋯

Wer hat es gehört? ___________________________

Wann und wo wurde es gesagt? _______________ Alter? ⋯⋯⋯⋯

Wer hat es gehört? ___________________________

 Wann und wo wurde es gesagt? ______________________

Wer hat es gehört? ______________________

Wann und wo wurde es gesagt? _______________ · Alter? ····

Wer hat es gehört? _______________

Wann und wo wurde es gesagt? _______________ · Alter? ····

Wer hat es gehört? _______________

Wann und wo wurde es gesagt? ___________________

Wer hat es gehört? ___________________

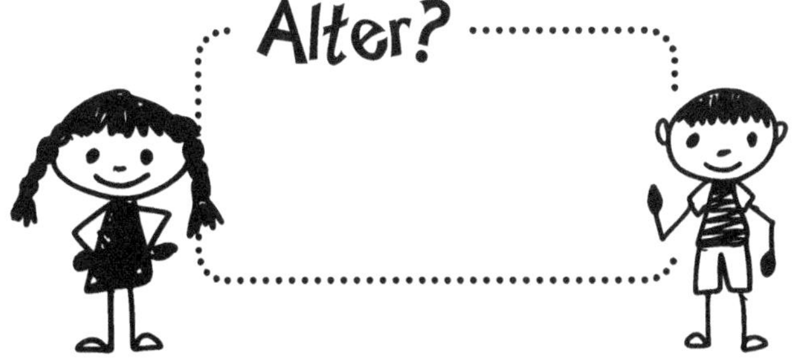

39

Wann und wo wurde es gesagt? _______________ Alter?

Wer hat es gehört? _______________________

99

Wann und wo wurde es gesagt? _______________ Alter?

Wer hat es gehört? _______________________

99

Wann und wo wurde es gesagt? _______________

Wer hat es gehört? _______________

Wann und wo wurde es gesagt? _______________ Alter?

Wer hat es gehört? _______________________

Wann und wo wurde es gesagt? _______________ Alter?

Wer hat es gehört? _______________________

Wann und wo wurde es gesagt? _______________

Wer hat es gehört? _______________

"

"

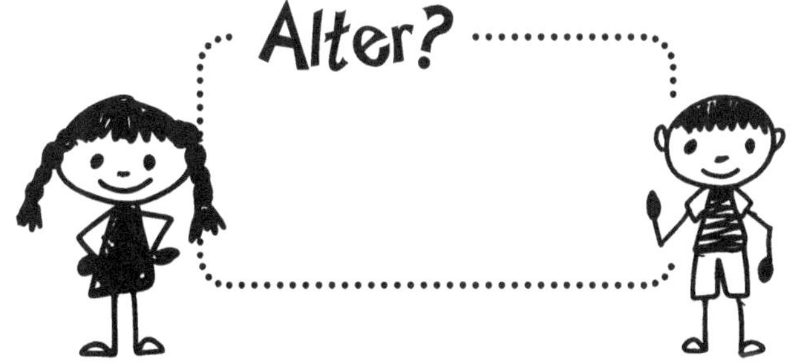

Alter?

Wann und wo wurde es gesagt? _______________ Alter?

Wer hat es gehört? _______________________

"

"

Wann und wo wurde es gesagt? _______________ Alter?

Wer hat es gehört? _______________________

"

"

Wann und wo wurde es gesagt? _______________

Wer hat es gehört? _______________

Alter?

Wann und wo wurde es gesagt? _______________   Alter?

Wer hat es gehört? _______________

Wann und wo wurde es gesagt? _______________   Alter?

Wer hat es gehört? _______________

Wann und wo wurde es gesagt? _______________

Wer hat es gehört? _______________

Alter?

Wann und wo wurde es gesagt? _______________ Alter?

Wer hat es gehört? _____________________

,,
‎
‎

Wann und wo wurde es gesagt? _______________ Alter?

Wer hat es gehört? _____________________

,,

Wann und wo wurde es gesagt? _______________

Wer hat es gehört? _______________________

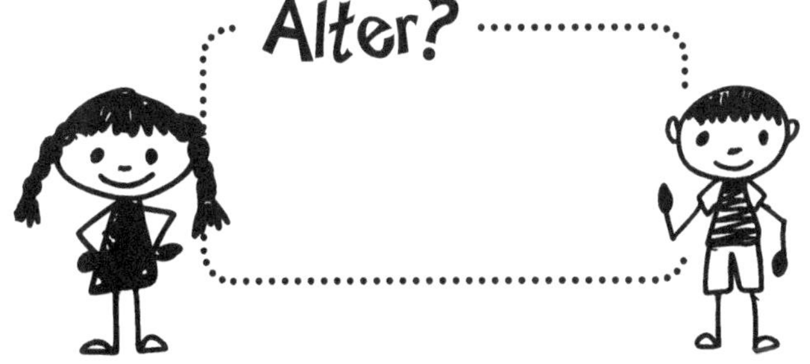

49

Wann und wo wurde es gesagt? _______________   Alter?

Wer hat es gehört? _____________________

,,

,,

Wann und wo wurde es gesagt? _______________   Alter?

Wer hat es gehört? _____________________

,,

,,

 Wann und wo wurde es gesagt? _______________

Wer hat es gehört? _______________________

Alter?

Wann und wo wurde es gesagt? _______________ · Alter? ·········

Wer hat es gehört? _____________________

"

"

Wann und wo wurde es gesagt? _______________ · Alter? ·········

Wer hat es gehört? _____________________

"

"

Wann und wo wurde es gesagt? _______________

Wer hat es gehört? _______________

Wann und wo wurde es gesagt? _____________   Alter?

Wer hat es gehört? _____________________

,,

____

''

Wann und wo wurde es gesagt? _____________   Alter?

Wer hat es gehört? _____________________

,,

____

''

Wann und wo wurde es gesagt? _______________

Wer hat es gehört? _______________

Alter?

Wann und wo wurde es gesagt? _______________ Alter?

Wer hat es gehört? ___________________________

"

"

Wann und wo wurde es gesagt? _______________ Alter?

Wer hat es gehört? ___________________________

"

"

Wann und wo wurde es gesagt? _______________

Wer hat es gehört? _______________

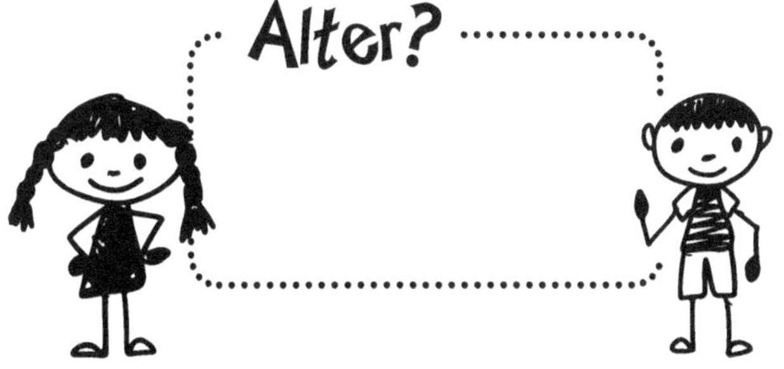

Alter?

Wann und wo wurde es gesagt? _______________ Alter?

Wer hat es gehört? _______________

""

Wann und wo wurde es gesagt? _______________ Alter?

Wer hat es gehört? _______________

""

Wann und wo wurde es gesagt? _______________________

Wer hat es gehört? _______________________

Wann und wo wurde es gesagt? _______________   Alter?

Wer hat es gehört? _____________________

Wann und wo wurde es gesagt? _______________   Alter?

Wer hat es gehört? _____________________

Wann und wo wurde es gesagt? _______________

Wer hat es gehört? _______________

Alter?

Wann und wo wurde es gesagt? _______________ Alter?

Wer hat es gehört? _______________________

,,

Wann und wo wurde es gesagt? _______________ Alter?

Wer hat es gehört? _______________________

,,

Wann und wo wurde es gesagt? _______________
Wer hat es gehört? _______________

Alter?

Wann und wo wurde es gesagt? _______________   Alter?

Wer hat es gehört? _______________________

"

"

Wann und wo wurde es gesagt? _______________   Alter?

Wer hat es gehört? _______________________

"

"

Wann und wo wurde es gesagt? _______________

Wer hat es gehört? _______________

Wann und wo wurde es gesagt? _______________ Alter? ____

Wer hat es gehört? _____________________

"

"

Wann und wo wurde es gesagt? _______________ Alter? ____

Wer hat es gehört? _____________________

"

"

Wann und wo wurde es gesagt? _______________

Wer hat es gehört? _______________

Alter?

Wann und wo wurde es gesagt? _______________ Alter?

Wer hat es gehört? _______________________

,,

Wann und wo wurde es gesagt? _______________ Alter?

Wer hat es gehört? _______________________

,,

Wann und wo wurde es gesagt? _______________________

Wer hat es gehört? _______________________________

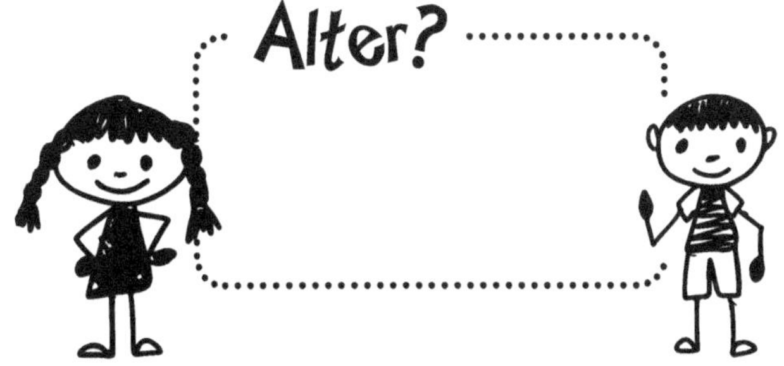

Alter?

Wann und wo wurde es gesagt? _______________ Alter? ....

Wer hat es gehört? _____________________

"

"

Wann und wo wurde es gesagt? _______________ Alter? ....

Wer hat es gehört? _____________________

"

"

Wann und wo wurde es gesagt? _______________

Wer hat es gehört? _______________

Wann und wo wurde es gesagt? _______________ Alter?

Wer hat es gehört? _____________________

Wann und wo wurde es gesagt? _______________

Wer hat es gehört? _______________

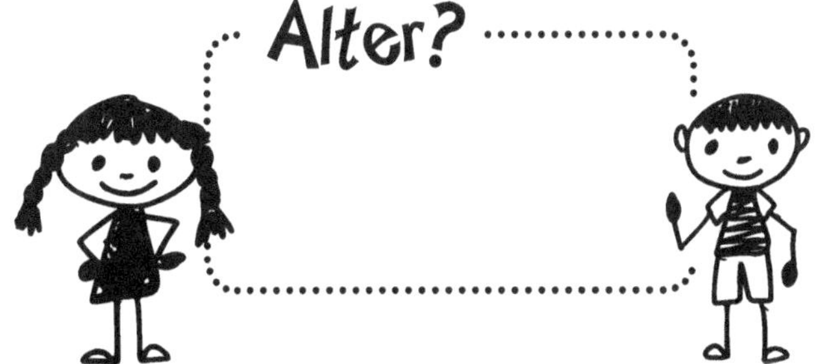

Wann und wo wurde es gesagt? _______________ Alter?

Wer hat es gehört? _____________________________

"

"

Wann und wo wurde es gesagt? _______________ Alter?

Wer hat es gehört? _____________________________

"

"

Wann und wo wurde es gesagt? _________________

Wer hat es gehört? _________________

Wann und wo wurde es gesagt? _______________ Alter?

Wer hat es gehört? _______________

,,

Wann und wo wurde es gesagt? _______________ Alter?

Wer hat es gehört? _______________

,,

Wann und wo wurde es gesagt? _______________

Wer hat es gehört? _______________________

Alter?

Wann und wo wurde es gesagt? _______________ Alter?

Wer hat es gehört? _____________________

,,

____

Wann und wo wurde es gesagt? _______________ Alter?

Wer hat es gehört? _____________________

,,

____

Wann und wo wurde es gesagt? _______________

Wer hat es gehört? _______________

Wann und wo wurde es gesagt? _______________ Alter?

Wer hat es gehört? ___________________________

,,

Wann und wo wurde es gesagt? _______________ Alter?

Wer hat es gehört? ___________________________

,,

Wann und wo wurde es gesagt? _______________

Wer hat es gehört? _______________

Alter?

Wann und wo wurde es gesagt? _______________ Alter?

Wer hat es gehört? _______________________

„

„

Wann und wo wurde es gesagt? _______________ Alter?

Wer hat es gehört? _______________________

„

„

 Wann und wo wurde es gesagt? ______________

Wer hat es gehört? ______________________________

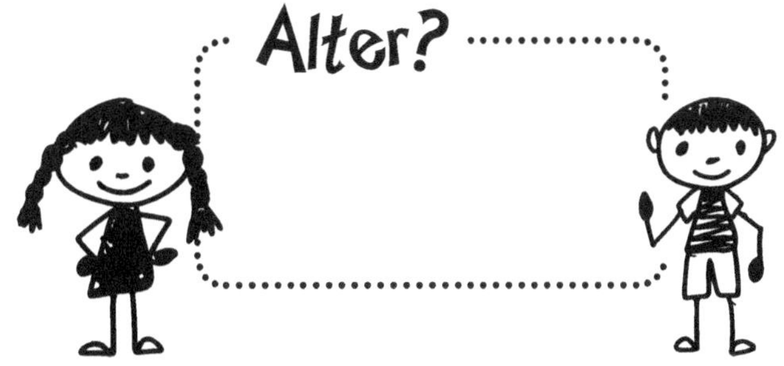

Wann und wo wurde es gesagt? _____________ Alter?

Wer hat es gehört? _____________________

"

"

Wann und wo wurde es gesagt? _____________ Alter?

Wer hat es gehört? _____________________

"

"

Wann und wo wurde es gesagt? _______________

Wer hat es gehört? _______________________________

85

Wann und wo wurde es gesagt? _______________   Alter?

Wer hat es gehört? _______________

Wann und wo wurde es gesagt? _______________   Alter?

Wer hat es gehört? _______________

Wann und wo wurde es gesagt? _______________

Wer hat es gehört? _______________

Wann und wo wurde es gesagt? _______________ Alter?

Wer hat es gehört? _______________________

Wann und wo wurde es gesagt? _______________ Alter?

Wer hat es gehört? _______________________

Wann und wo wurde es gesagt? _______________________

Wer hat es gehört? _______________________

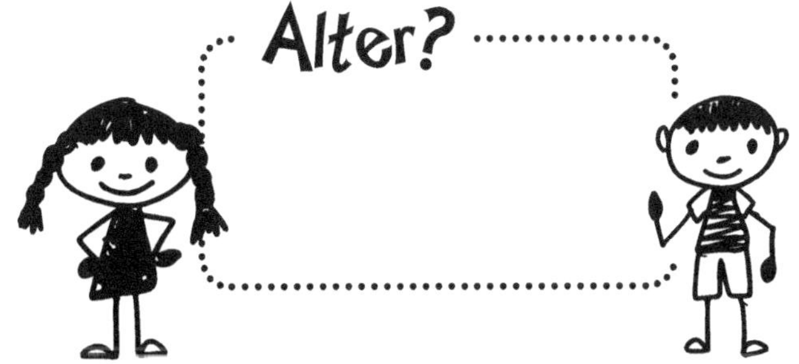

Wann und wo wurde es gesagt? _____________   Alter?

Wer hat es gehört? _______________________

99

66

Wann und wo wurde es gesagt? _____________   Alter?

Wer hat es gehört? _______________________

99

66

Wann und wo wurde es gesagt? _______________________

Wer hat es gehört? _______________________

Alter?

Wann und wo wurde es gesagt? _____________ Alter?

Wer hat es gehört? _____________________

"

____

Wann und wo wurde es gesagt? _____________ Alter?

Wer hat es gehört? _____________________

"

____

Wann und wo wurde es gesagt? _______________

Wer hat es gehört? _______________

Alter?

Wann und wo wurde es gesagt? _______________ Alter?

Wer hat es gehört? _____________________

"

"

Wann und wo wurde es gesagt? _______________ Alter?

Wer hat es gehört? _____________________

"

"

Wann und wo wurde es gesagt? _______________________

Wer hat es gehört? _______________________

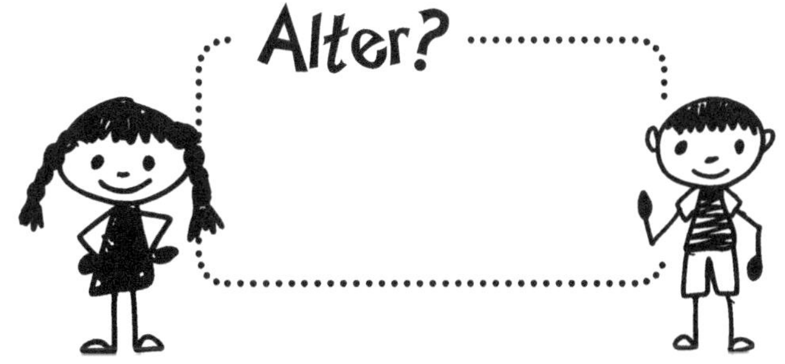

Wann und wo wurde es gesagt? _______________ Alter?

Wer hat es gehört? _____________________

„

"

Wann und wo wurde es gesagt? _______________ Alter?

Wer hat es gehört? _____________________

„

"

Wann und wo wurde es gesagt? _______________

Wer hat es gehört? _______________

Alter?

Wann und wo wurde es gesagt? _______________ Alter?

Wer hat es gehört? _____________________

Wann und wo wurde es gesagt? _______________ Alter?

Wer hat es gehört? _____________________

Wann und wo wurde es gesagt? _______________

Wer hat es gehört? _______________

Wann und wo wurde es gesagt? _______________ Alter?

Wer hat es gehört? _______________________

„

”

Wann und wo wurde es gesagt? _______________ Alter?

Wer hat es gehört? _______________________

„

”

Wann und wo wurde es gesagt? _______________

Wer hat es gehört? _______________

101

Wann und wo wurde es gesagt? _______________ Alter?

Wer hat es gehört? _______________

„

”

Wann und wo wurde es gesagt? _______________ Alter?

Wer hat es gehört? _______________

„

”

Wann und wo wurde es gesagt? _________________

Wer hat es gehört? _________________________

Wann und wo wurde es gesagt? _______________ Alter?

Wer hat es gehört? _____________________

"

"

Wann und wo wurde es gesagt? _______________ Alter?

Wer hat es gehört? _____________________

"

"

www.ingramcontent.com/pod-product-compliance
Lightning Source LLC
Chambersburg PA
CBHW061746050726
47598CB00002B/609